VERLAG
RALF LIEBE

B. R.M. Ulbrich

Jahrgang 1950, ist Autor.
Seine Kindheit verbrachte er in
Walsrode und Essen, studierte
Biologie in Bochum, promovierte
dort auch. Sein Berufsweg
startete in Köln und dann in die
Welt. Er ist nun im Ruhestand
und hat eine Passion: Lesend
resonante Sätze suchen, schreiben
und Lesekreise moderieren, mit
LeserInnen über Bücher sprechen.

Literarische Publikationen:
f. mitterer et al. (hrgs.)
das goldene dachl und seine rätselhafe inschrift
Haymon verlag 2012
darin Gedichte unter Pseudonym „bermul"

bernhard. r. m. ulbrich
litbiss: der geist der strophen
wirbelt dich herum
– gedichte
Verlag Ralf Liebe 2013

Bernhard. R. M. Ulbrich
Der Traum des Vogelwärters auf Schleimünde
Verlag Ralf Liebe 2018

Gedichte in Anthologien:
Axel Kutsch (Hrsg.)
Vernetze _sieben, _acht, _neun, _elf, _dreizehn, _vierzehn
Verlag Ralf Liebe 2014 ff.

litbiss anthologie

gedichte

Verlag Ralf Liebe, Weilerswist
2022

© Bernhard Ulbrich
© für diese Ausgabe beim Verlag Ralf Liebe

Umschlagbild: © 2014 C. Ulbrich, Federzeichnung „piccolo freunde" mit Tusche
auf Aquarellpapier 7cm x 10 cm

Herstellung: Rheinische Druck, Weilerswist

Verlag Ralf Liebe
Kölner Straße 58
53919 Weilerswist
www.verlag-ralf-liebe.de
info@verlag-ralf-liebe.de
Telefon: 02254/3347
Telefax: 02254/1602

ISBN: 978-3-948682-27-9

Euro: 24,-

litbiss anthologie

gedichte

B.R.M. Ulbrich

*Dieses Buch widme ich Conny, der besten Ehefrau von allen,
und meiner lieben Familie.*

Einstieg

Es gibt einen Satz, der unangreifbar ist, nämlich der, dass man Dichter sein kann, ohne auch irgend jemals ein Wort geschrieben oder gesprochen zu haben.

Klaus Reichert (Hrsg.): The Best of H.C.Artmann

Schöpfe den Ozean aus, Dichter!
Nagle den Fels an den Gipfel, Sisyphos!

Erasmus Schöfer: Der gläserne Dichter

Wie die Musik kann die Literatur uns aus unseren täglichen Strukturen herausziehen und zu unserer eigentlichen Menschlichkeit zurückbringen. Dem Gefühl davon, was es heißt zu existieren. Der Essenz des Seins.

Janne Teller: Komm

Gedichte machten ihm bewusst, dass er atmete. Ein Gedicht legte Dinge im jeweiligen Augenblick offen, auf deren Wahrnehmung er normalerweise nicht vorbereitet war. Darin lag die Nuance jedes Gedichtes, zumindst für ihn.

Don DeLillo: Cosmopolis

Credo

kein wahnhaftes

das schreiben sollt' haben an sich
etwas zahnhaftes
mit bissen wider das dummdümpeln
etwas kranhaftes
mit blicken auf die denkwüsten
etwas bahnhaftes
auf gutem weg in offene weiten
etwas planhaftes
einzuordnen das selberdenken
etwas schwanhaftes
damit die ästhetik nicht verkommt

das schreiben sollt' haben an sich
kein tranhaftes
wider die verplemperung von zeit

das schreiben hat also auch
etwas kahnhaftes
zu rudern in Heraklits strudeln
auf der suche nach einem kolk
zwischen front- und rückendeckel

Hinweis

antho.log.ie

was könnte noch bleiben
*in zerfledderten anthologien**
hast du es hineingeschafft
ist ein flatterhaftes leben
auf wenige zeilen gerafft
mit den letzten energien
fliegen auf den weiden

* Michael Krüger, Ins Reine,
Suhrkamp 2010, Zeile aus „Sabas Ziege"

Prolog

Im Jahre 2012 hatte ich die Idee, mir von einem Profi eine Bühne im Internet basteln zu lassen. Es war ein Blog namens „litbiss.de". Er sollte in eigener Regie eine Stimme für mich sein. Im Oktober des Jahres war es dann soweit.

Viele Themen aus meinem Lebensumfeld reizten mich, manches wurde zu Bildern, anderes zu Texten. Das hielt mit rund 1.300 Einträgen intensiv bis zum Oktober 2020 an.

Die Themen der Artikel im Blog waren breit gestreut, retrospektiv Vieles von nur tagesaktueller Kurzlebigkeit. Verschiedene Formate wurden von mir ausprobiert und umgesetzt: Journalistisches, Prosaisches, Lyrisches. Die Lyrik jedoch ist mir das Beständige, im Gehalt eher satirisch bis skeptisch. Daher soll sie auch in dieser Gedichtsammlung zu Worte kommen.

litbiss.de wurde mehr als 63.000 Mal aufgesucht. Das waren rund 21 Klicks pro Tag. Viele Kommentare haben mich erfreut oder auch verblüfft. Stets waren es Anregungen, die eigene Sicht auf die Dinge in der Welt skeptisch zu prüfen, denn es gibt nichts absolut Richtiges oder Falsches. Oft sitzt man suchend zwischen diesen beiden Polen.

Nach diesen acht Jahren reger Bloggerarbeit kommt nun die Zeit der Bilanz. In den rund 800 Gedichten hat sich Vieles verdichtet. Meine ganz persönliche Auswahl liegt nun in dieser eigenen Anthologie vor.

Vielleicht gibt diese Auswahl bei der Einen oder dem Anderen einen Tipp beim Suchen nach dem Richtigen. Zu wünschen wäre es allemal.

brmu
im Juni 2021

gedichte

im jahre 2009 startete die **schule für dichtung** (sfd) in wien eine internet-klasse mit der aufgabe einer übersetzungsübung der bislang nicht entzifferten zeichen am goldenen dachl von innsbruck. die sfd steht in ihrer radikalen kleinschreibung in der nachfolge von h. c. artmann, christian ide hintze, ernst jandl, friederike mayröcker, um nur einige zu nennen.

unter dem pseudonym „*bermul*" habe ich mich als interpret des kryptischen spruches mit einer reihe von gedichten beteiligt. felix mitterer hat auch meine eingereichten „lösungen" begutachtet, teilweise kommentiert und mit bis zu vier „kacheln" belohnt.

das resultat der internetklasse ist ein von **felix mitterer, christian ide hintze** und **lukas morscher** herausgegebenes buch mit dem titel „das goldene dachl und seine rätselhafte inschrift – eine poetische annäherung" im HAYMON verlag 2012.

die kleinschreibung habe ich für meine lyrischen experimente im blog litbiss.de gerne übernommen, rückt sie die lyrik doch etwas vom alltäglichen ab und fordert den geist heraus, weil das schriftbild ungewöhnlich und oft auch mehrdeutig ist. es gibt eine ausnahme aus respekt vor den eigennamen: deren anfangsbuchstaben werden wie üblich groß geschrieben.

VOM LACHEN

medusa

als die medusa in die jahre kam
da wurden ihr pigmente lahm
im haar war da ein schimmer
das weiß, es wurde schlimmer
bis gar die haartracht fiel komplett

und schlug ein haupt man ihr hinweg
so wuchs ein kopf mit glatze nach
gorgone, oh, welch eine schmach
lieber sterben jetzt zu stein
als weiter glatzköpfig zu sein

der verlorene schuh

der weise von der säule sprach:

die welt sei, was der fall so sei und hier falle auf
dass dort ein schuh vom fuß gefallen sei

weil in diesem falle die beziehung gelockert war,
so heruntergetreten wie er da liege in laufrichtung

was auf jeden fall den exträger in ein zwielicht rücke
ob seiner ignoranz, fallweise barfuß weiterzugehen

denn laufen auf so unterschiedlichem niveau
verursache einige schmerzen von fall zu fall

setzt der weise von der säule nach

nachmittags im garten

friedlich bleibt wer nicht vergisst
dass ein jeder kind mal ist
lasst sie kieksen kreischen schreien
plärren heulen lauthals greinen
rufen singen grölend lachen
und auch blödsinn machen –
besser als jeder rasenmäher

hans von hahn

den hans von hahn
ereilt der wahn
sich mal zu trauen
um sich zu schauen
was im grase
er so habe
für den schnabel

so durchstreift er
hohe gräser
voller pickgier
ob ein wurm hier
schön und lang
ringelt ohne bang
für die gabel

da steht er jetzt
gar nicht gehetzt
als wie ein turm:
ein schwarzer wurm
liegt ihm im blick
so lang, so dick
ach, nur ein kabel

giersch

er jetzt
ganz beflissen
giersch gerissen

im ohr dröhnt's blut
von seinem lachen
gar nix kannst' machen
bei der wurzelflut

dieses wissen
ist kein kissen
es hetzt

spieglein

entenflottspiegel
uns der molch den ju-törn macht -
blubb in der kehre

denkste

wenn du denkst
du dächtest
dann denkst'e
du möchtest
es lenken
via denken

einfalt

höre die einfältigen wie
sie zwiespältig doppelfalten
im wippelnden triplett zum
quartett der woche sich
im vollen fünfertakt rotten
als sexerpack vorgehen in
diesen siebenmeilenstiefeln
die achtbarkeit nicht kennen
nur die neunmalklugen sich
im zehnthof treffen und dort
im elferrat das große klagen:
starten punkt zwölf uhr null

feuerwanzenbrando

feuerwanzen sind im garten
seht doch! es gibt kein warten

da! eine reibt sich schon am halm
mann! im garten ist bald qualm

sie zündeln dort am trockenblatt
schon riecht's nach schwefel satt

beraten sich ganz aufgeregt
wo man als nächstes feuer legt

die erste feuerwanze rennt
und der rest skandiert: es brennt!

igel im kirschrausch

ich geb' euch brief und siegel:
da pennt ein echter igel
unterm kirschbaum tief

die reifen kirschen gähren
iss sie, du kommst in sphären
da stehst du nur noch schief

der igel aber rollt sich ein
und vermeidet so die pein
lichkeit der schrägen lage

die moral von der geschicht:
nasche alte kirschen nicht
das steht doch außer frage

erkenntnis

und ob die ganze welt an mich dächte
oder nur ein langer regenwurm
alle schlängeln alles
alles schlängelt alle
visage à visage
und ist kein ende in sicht
im trubel der entscheidungen
im all aber bleibt alles ein nichts
in der unendlichen gleichgültigkeit

demokorr rap

in diesem weiten gesellschaftsraum, ja öffentlichkeit
wird erregte erregung erregt, ja ganz öffentlich
was das denn für ein blödsinn sei
die brüten aus ein faules ei

blöder geht's nimmer
ist es die korrusion aller regeln
dümmer geht's immer
oder die korruption uns'rer denke
das ist die plage all unser tage
doofer ist schlimmer
doofer geht's immer

in diesen, in unseren landen, ja öffentlichkeit
da wird nun rückwärtig gerudert, ja alles auf null
vorgeblich sei man im irrtum
faule eier immer stinken

geständnis

zugegeben sei
ja, so ist es
ich trag's nicht vor mir her
wie eine platte monstranz
bin nicht verstöpselt damit
zu hören vergötterte töne
zu reden allüberall ohne distanz

ja, mea culpa
ist auf stumm geschaltet
der flachplatte wischaltar
tief in der jackentasche
ich laufe nicht gläubig
durch diese netzcommunity

ja doch, mea maxima culpa
ich bin nicht in wottsäpp
bin auch nicht am twittern
und kein daumenwischer
über diese menetekel

bin immer noch frei!

pappmaché

liegt die pappe in dem eimer,
war's von einem pappenheimer
steht der eimer auf der pappe
kappt's die pappenheimerklappe -
doch von pappmasché spricht keiner

VOM LEBEN

und täglich grüßt coronavir

wie alles schnell zerfallen kann
denn evolution ist immer am start
paar neue ärmchen auf 'ner kugel
und schon ist der störenfried da

Coronavirus mit namen
vom stamme Sars-Cov-2
krank auch Covid-19 genannt
aber vorsicht, der spielt nicht nur

der tötet ohn' ansehn der person
einfach so, nur weil kontakt gehabt
drum weg mit den gepflogenheiten
wie händeschlag und küssken geben

keine mengen und massen mehr
da lauert er scheel im gewühle
und häufiges händewaschen,
falls du weißt, wie's richtig geht

jetzt sind wir in vier wänden
türe zu, so auf uns selbst gestellt
und alle handys laufen heiß
wottsäppeln wird es mildern

alles falsch

falsch eine situation einschätzen
ein falsche situation einschätzen
eine situation falsch einschätzen
eine situation einschätzen, falsch
eine situation einzuschätzen

der baum

den freund, ich kenn ihn noch
war auf ihm drauf mit kindesbeinen
in ästegabeln lag ich stundenlang

und träumte mich ins tiefste blau
und hörte sprachen vielerlei
im brummen summen singen
zwitschern keckern glucksen auch
verstand sie alle ohne lexikon

mein freund, ich kenn dich noch
wie du im felde standest an dem rain
nun stehen wir vor deinem stumpf

trübnis

reiher auf dem schuppen
dach vollendet getarnt in
flutender trübnis wie
grau in grau zerflossen
die teiche versiegelt von
mürbem eise spiegellos

wo ist oben und unten
zu suchen in diesen so
kaltherzigen welten

unschärferelation

aus dem grund des teiches
schlängeln algen sich empor
kleine ringe spiegeln gelb
im weichen sonnenlicht

auf dem moosbelag im beet
winken staudenpflanzen dir
gelblich schirmen ihre blüten
entblättern sich so keck

im gegenlicht ein hauch
von moderholz daran die
pilze wuchern flach als
gelbe schilde ins revier

was nun ist richtig oder
was ist falsch im leben

muße contra faulheit

muße ist die kluge
und faulheit die krude
aller schönschonformen
aller nutznießnormen
der lebensenergie:
brich nichts übers knie

angabe

er hatte schon immer

vom meinungsthron
ohne jeden schimmer
per wort den ton

angegeben

auf pump

na,
was tun wir anderes
als gase zu pumpen
lauter luftnummern
das tun wir anderen
an

bil.dung

was aber wächst mit bil-
dung als *dem* nährboden
gegen allerlei barbarei?:=
hinweise: selber denken

politikergebet

wähler unser im lande
registriert wurde dein name
dein kreuz komme
dein wille vergehe
im gewimmel der parteien
euer tägliches brot ist uns beute
und vergebt uns die steuerschuld
die wir stets ausgeben
sei unser schuldiger
und führe uns nicht in versuchung
erlöse uns bloß nicht von dem dösen
denn uns ist das gleich und das schafft
uns selbstherrlichkeit in ewigkeit
ihr armen

diese drei

im glaube ruht das hirn
zweifelnd startet es und
skepsis ist sein modus
der erkenntnis provoziert

liebe ist das feld der
annäherung zum teilchen
tausch auf das neues
entstehe denn der hass
zertrümmert das alte

hoffnung ist die kleine
wahrscheinlichkeit auf
sinn in selbstgebastelten
welten unter uns allen

glaube=liebe=hoffnung
diese drei sind das ei
aus dem wir kriechen:
flügge ist anders

situation

sterne | ich sage euch
sie sind abzählbar

sterne | ich sage euch
ihr seid abwägbar

sterne | ihr aber meint
wir sind hinnehmbar

von flüchtiger natur

da lugt einer

vierzig prozent sonne abgesahnt
der rest sind kalte wattwinde mit
wolken am weiten horizont ohne
hin nicht gesehen weil der blick
nach unten stets gerichtet ist aus
einfacher demut vor dem haifisch
zahn um zahn in den umgewälzten
strandensanden der jahrmillionen
nur im nacken ein leichter sonnen
brand der gelöscht mit grimbergen
für die rasante verdauung sorgt und
dann weiter bis kurz vor dem hexen
schuss fällt jetzt doch: da lugt einer

den ganzen tag

reste von natureingebundenheit
wer schiebt den keil wilder enten
so zwischen mich und den pc

tief fliegend das gefieder glatt
im winde einer ahnungslosigkeit
ja, mit dem ganzen tag versöhnt

elfer raus

die null
ruht in sich selbst bis sie zerbricht.

die eins
daraus in das reale sticht.

aus eins wird zwei
durch schlaue dialektik,

aus zwei dann drei
das wäre die synthese fein,

aus drei folgt vier
die konsequenz und ohne hektik,

mit den fünfen
wie, wer, was und wo und wann darf's sein.

dann steht die sechs
im raum: was gibt es an problemen?

bei sieben
werden gründe noch gemengt,

sodass bei acht
es klarer wird: das wird gemacht mal eben!

schlag neune
fordert man bericht am end'

und auf der zehn
fehlt anerkennung, oft so scheint's,

dann gehe wieder ab zur eins.

heimat

heimat ist heute kitsch aber
ein zuhause immer real dein
zentrum und gehst du dann
in diese große weite welt so
vielleicht mit hosenträgern
aber auf jeden fall mit hoch
elastischen gummibändern
am gürtel die dich ziehen
zentripedal ins zentrum
bis der aufschlag
ist ein schönes
geh fühl
ach

kokon

jeder mensch zwirnt
am kokon der träume
jeder mensch zürnt
zerstiebt er in schäume

kulisse

zuckerwatte kinderwelt
am kamin vorbei auf
frisch geöltem blau
und die bohrmaschine
dreht ihr liedchen - so
sind menschensommer

posten

auf welchem posten
stehe ich hier so
verloren
ist noch gar nichts

mensch.epoch

tausend generationen weiter
stehen andere auf der leiter
tief im grabungsloch

und da sagt einer unumwunden
hier sei der horizont gefunden
von der mensch-epoch'

leicht könne man ihn so erkennen:
gelbe zirettfilter abtrennen.
als leitfossil? och!

und es wird sein ein rätselraten
wie massen sind da hingeraten
und wie das wohl roch

im teich

im teich die alte larve zuckt
wird keine libelle werden
das maul des jungen molches ruckt
wasser wird sich hier nicht färben

von einer metamorphose
darüber wissen beide nichts
das fressen nur ist ihre chose
eine regel des gleichgewichts

derweilen der reiher lauert
am teichesrand ganz still
wen und was auch immer er will
natürlich wird nichts bedauert

drei.mai.hai.ku

schon schneit es wieder
kaum ist der winter vorbei
die kirschblütenfracht

schön singt die amsel
und ihr schatten trinkt im teich
ein kurzes kräuseln

grauer ton des lichts
junges grün wiegt sich zweifelnd
schräg platzen tropfen

provo.cut.tion

tod wo ist dein zachel
lug wo ist die kachel
auf der die wahrheit brennt
oft man sie halber kennt

Marek von der Jagt, Monogam, Diogenes 2003, Seite 7: „Der Tod ist ein
ungeliebter Gast, aber mit der Wahrheit sitzen wir auch nicht gern am Tisch.
Mit der halben dagegen, ..."

radiotvnet says

und wenn du die wahrheit wüsstest
und schriest sie hinaus ins all
welche molekel stieße welche an
nur die erde dröhnt im rausche
bach tausender programme

roger

stiller rausch

massen träumen strände
viele ganze inseln
wenige ein eiland
einer da im leuchtturm
zimmer unter den licht
kegeln im ring der schatten
boxen mit ledernen texten
ein jahr heilsamkeit am
ende keine worte mehr
im rausch der stille*

A. Sanchez Pinol, Im Rausch der Stille, S. Fischer 2005

windige elemente

der wind ist frei von wert
auch wenn er häufelt
oder abträgt auch mal kühlt
oder heizt und dabei heult
oder säuselt denn nur
menschen haben werte
manchmal

wegweiser

der einsam stadtmüde blick fällt
hin vor die hügel der natur
gleich aufgereiht wie auf der schnur
gerad' die autoschlange schnellt

und nirgends mehr das ideal
alles ist schon umgegraben
weil der mensch will alles haben
bewahren ist ihm ganz egal

nur ein traum der überalten
die sich für gewissen halten
denn sie wurden altersmilde

doch das hat jetzt keinen zweck
sie sterben ungehört hinweg
und im weg die grabesschilde

denkarbeit

kopf zwischen wolken
klarsicht fernab
korpus in zwei
schlammspringerstiefeln
schrittweise weiter
leben aber fließt
überall hin und
her ohne das denken

tag.da.nach

die sonne schmilzt schärfe ein
jecke gefühle schwellen auf dem
platz liegen nachher mengen müll
herum gekriegt heut' keine mehr
oder weniger ja auch eine spiele
sucht gesichter hinter den masken

heil im doppel

heilig ein noli me tangere
der ewig fantasievollen im
rausche des ausgewählten
seins hienieden im doppel
pack die badehose ein und
nimm dein kleines egolein
wie einen bunten ballon da
drinnen auch nur lüfte sind
den rest regeln die naturge
setze dich und denke selbst
nicht nach denn andre vor
dir dachten dass sie dächten
doppelt heilig hält besser
ach, stünden doch so viele
auf dem platz für die rechte
der lebenden ganz profan

landblicke

das erdauge blau
gänsehaut von der brise -
ein molch mit perle

ein hoch vom wetter
beschert und nackte bäume -
weißer pelz verdampft

teiches spiegelein
strahlt mit sonne schein um schein -
blätter schweben dort

hauch der nacht ist schwarz
schreckgeschrumpft liegt das wasser -
gläsern die blumen

efeu trotzt allem
ist gut verbandelt im werk -
spatzen stimmen zu

hohlräume im holz
für das winzige leben -
uhr steht auf frühling

ein rascheln im eck
unter braunem blätterberg -
igel träumen auch

da! eben noch starr
war die träne des winters -
jetzt macht er doch schlapp

wirres.wahr

im hirn'schen klüngel ver
netzen neuronen dich zum
sonderbaren zeitgeschehen wie
die wichtelwesen seinerzeit in
kindertagen war der radius kurz
von / ich / will / mit füßen stampfen
im wein der anderwelten, dass
egomost zum gären käme, wenn
bloß das selbst sich fände, da,
im hirn'schen nebel wirreswahr

pläne

hast du feine pläne
bist du noch ein kind
hast du deine pläne
bist du erwachsen
hast du eil'ge pläne
bist du im alter
hast du reine pläne
dann wär'st du ein mönch

wahrlich, wenn ihr nicht
planlos werdet, dann ...

wirbelwind

am horizont verwirbeln
wahrheit und lüge im
meer der bequemlichkeit

frei gewählte katastrophe
dammbruch und gischt zu
überraschten häuptern aller

gewalt reißt alles mit sich
das haben wir nicht gewusst
dass wir so dämlich sind

selber denken macht helle
und sehr skeptisch dem
einfachen gegenüber

gruß

(für J. T. in S'lm)

im alter, mein freund,
da ist das denken ein joint -
so rauche ihn gut

evo.lulolaleli.tion

evolution: ach, ein spiel
so ganz ohne ein ziel

evolotion, dem meere
entbergen was wäre

evolation: entfaltung
doch mit zweckenthaltung

evoletion: die ordnung
mit der guten eignung

evolition, der prozess
ganz ohne götterstress

neu.lution

das neue ist möglich
es ist in uns
im gestrüpp der neuronen
wer lässt es raus
wer kann es deuten
ach, das neue ist nötig

grenze nichts abhält

nach tagen der grellen kraft
grautuch über den köpfen
ohne dröppelsaft

bodennah alles umhüllt
spitz ragen grüne messer
besser nicht gefühlt

die lavasteine trotzen
sind schließlich aus dem inneren
im kreis jetzt klotzen

dazwischen eine schneespur
wie hummelsummend umquirlt
nicht die dünnen nur

im busch verankert das nest
von vogelingenieuren
schön rundlich und fest

drei der schnäbel fordern frohn
pendelverkehr im fluge
giergepiepse ist der lohn

da zerreißt dich wieder krach
fräsender rasenmäher
von der hecke jenseits, ach

jeder fußt auf seiner welt
einzig wahre illusion
unterm sternenzelt

hitze

kühle streift durchs haus
auf wirbeligen sohlen
papier hebt und senkt
sich knisternd auf dem beitisch
staub rennt mäusegleich
gräulich unters bett darauf
man liegen könnte
wär' die hitz' nicht gewesen
diese von außen

windige sache

viel wind wird oftmals nicht gemacht
rasch etwas in position gebracht
bevor ein andrer wind könnt' wehen
von denen, die es windig sehen
denn wind von jener sach' bekommen
das würde andern gar nicht frommen

eh sich aus dem fenster lehnen
lieber wind aus segeln nehmen
auf dass nichts in den wind geschlagen
was man mühsam aufgetragen
oder in den wind geschrieben
was doch besser da geblieben

in alle winde sich's verweht
ganz wie ein pups im wind vergeht
wenn viel wind um nichts gemacht
wer hart am winde segelt, lacht
denn zehn meilen gegen den wind
merkt man's doch, ob einer spinnt

mantel nach dem winde hängen
würd' so manchen arg bedrängen
und: wer wind sät erntet sturm
da rettet auch kein babelturm
besser hart am winde segeln
und beachten: anstandsregeln

und die moral von diesem wind
schrieb auf papier, das festgepinnt

VOM LEIDEN

ELDEhaus in köln

auf den folterkellern
mit ihrem blut im putz
dem stöhnen im mörtel

da steht die erinnerung
eingeweiht trotzig mit musik
derer die davongekommen

exponiert was übrig blieb
und noch ein paar alte
der letzten zeugenschaft

eines brutalen krankheitssyndroms
des dichter und denker volkes
wehe! wenn die werte kippen

vom leben und lassen
zum töten und hassen
der bomben sind dann nie genug

Anlässlich des Festaktes am 2.12.2012 zur Erweiterung des ELDE-Hauses in Köln

im kippstuhl

neunuhrfünfzehn auf einem kippstuhl:
gehen sie besser zum kieferchirurgen,
der könnte die wurzel noch retten.
seitliche öffnung und später 'ne naht.

vierzehnuhrzehn anderer kippstuhl:
nichts mehr zu machen, alles muss raus,
zwei stiche ins fleisch lassen dich fallen.
achtung: jetzt ein feines knirschen im hirn
und in der zange klemmt schon der zahn
mit wurzel stiftkrone blut und auch eiter.

vierzehnuhrzwanzig selbiger kippstuhl:
röntgen meint das sei noch nicht alles,
noch zwei stifte also metall im kiefer -
ja aber wo kommen die denn her !?-
scharfkantiger spitzlöffel gräbt sie frei
die bohrerspitzen vergangener zeiten

vierzehnuhrdreißig nicht mehr im stuhl:
schiefes gesicht und pulsen im kopf
nun alles getrost nach hause tragen
die zunge fühlt schon die neue freiheit.

managergebet

mammon unser in banken
geheiligt werde dein zaster
dein markt komme
dein profit geschehe
in bilanzen so auf konten
unsern täglichen zins gib uns heute
und vergier uns ohne geduld
dass wir ruinieren
unsere schuldiger
und führe uns nicht in versuchung
sondern erhalte uns an den börsen
denn du bist reich mit dir man rafft
voll begehrlichkeit in ewigkeit
amen

ad libitum

eine frage noch:
war den bäumen klar
die cellulose nutzend
zum aufrechten stand
dass das papier drohte
darauf ihr abgesang

eine antwort doch:
war niemand nichts
auch kein baum der
irgendwie was dachte
ante portas homo daher
auch seine vielen fehler

culpa

die übersatten
reimen sich auf ratten
für den, der hungert

die, die trunken
reimen sich auf lumpen
für den, der dürstet

die mit den scheinen
reimen mit den schweinen
für den habenichts

die mit der arbeit
reimen auf apartheit
für die ohne job

die in der not
reimen nur auf tod
culpa ist die schuld

déjà-vu
(in memoriam)

in Köln/Bonn die alte
tante ju stationiert
was vorher keiner ahnte

im friedlichen auftrag
neulich über uns hinweg
gebrummt: flackernder
blick und Fritz meint
metallisches ploppen
zu hören aus neuester
deutscher geschichte
   blut im verband
   viel leben schwand
   blut im verband
   am todesrand

ach, keinen rundflug, bitte!

schteinwurf

1mal sagte ein dissident
aus derselben gegend:
wer aber ohne fehl sei
werfe den ersten stein
und siehe: 2tausend
jahre wird weiter geworfen
denn je, jetzt 1% davon für
das gefängnis in dem
sie alle sind, die nichts
gelernt: aufseher wie
insassen im hass vereint
und siehe: die steine
aber berührt das nicht
denn raum und zeit sind
nicht menschenmache

aus geld gemacht*

trommelschläge der welt in
den idylleschein von
selbstgerechter attitüde

die anderen kippen mit
mann und maus auf

dem grund aber sind
wir alle gleicher im
tod der illusionen

scham hilft auch nicht
weiter rollt der rubel

* Dietmar Dath: Sämtliche Gedichte, Suhrkamp 2009, S. 23

drohnengedröhn

hast du drohnen im stock
dröhnen sie en bloc

drohnen drohen nicht denn
sie haben keinen stachel
sondern begatten nur die
königin staatenbildender
insekten und sind dann über
flüssig ist der honig

drohnen drohen uns wenn
sie minister wollen nicht
aber zum begatten einer
königin von staates wegen
millionen sind dann über
flüssig ist der könig

hast du drohnen im kopfe
dröhnen sie unterm schopfe

hora

der himmel bläut sein
unwohlsein dräut als
röhrendes grummeln
die wolken gerinnen

der metallesammler
spielt eine endlosflöte
zur auferstehung von
schrott und altem eisen

hinter den sieben feldern
ziehen rauschereifen ihre
dauerstreifen ins revier
eine glocke schlägt an

kaff.kaesk

da: weit in wüster weite
ein kaff.kaeskes land im
würge griff von eiferern
den orten der schande
ent=ronnen häuft es sie
auf bedeckte häupter die
höhere mauern bauen
schärfere.n stachel.draht
im anschlag zu brüten
aus strahlender hybris
diese zähe paranoia
body count der augen
die=der letzte gewinnt

*Nach der Lektüre von Franz Hohler, Das Ende eines ganz normalen Tages,
Luchterhand 2008*

no.fem.bär

leinentücher wehen sich an
feuchtigkeit vom nebelmann
dem alle farbe zuwider

der alle fröhlichen lieder
ton für ton verdrängt ins grau
als wär' die welt toter verhau

der schemenhaft nur von gestalt
lockend hierhin dorthin bald
alle ins irre laufen lässt

selbst bis das feuer durchgenässt
auf patschematscheboden -
ihn lieben vom gras die soden

stille

umgotteswille
wo find' ich ruhe?
nimm' deine schuhe
und mache dich auf
meilen sind's zuhauf
deine menschenflucht
sie wird dir zur sucht
umhimmelspille

möcht'sein

ich möchte sein wo
keine mäher jaulend sind
nicht wo natur gekärchert
wird und abgeschoren wie
dreitagebart am kinn

summen soll es hier
schnarren zwitschern auch
ein piepsen da und dort
und im teich das glucksen

ich möchte sein wo
technoruhe ist und
stille fürs gemüt damit
gedanken rauschen wie
ein wind im wald

morgen

morgen kinder wird's was geben
morgen komm' die waffen dran
und dann geht der schiefe segen
wieder viele tote an

heute eltern sollt euch regen
greift dem unheil ins gespann
eure lahmen ärsch' erheben
zeigt die polköpp alle an

vor den himmeln aller götter
die doch frieden immer woll'n
auch wenn ihre dummen spötter
dies oft nicht verstehen soll'n

eines könn' wir nicht mehr sagen
davon hamm'wa nix jeahnt
denn in unser'n heut'gen tagen
kriegermerde uns gemahnt

wollen wir dem frieden fröhnen
oder uns im blute suhl'n
soll die geldgier uns verhöhnen
oder gar der hass hochbuhl'n

so tritt heraus, du menschenkind
mündigkeit ist eine zier
und, was der Kant gedacht, das find'
!souveränität steht dir!

in memoriam

nach drei tagen maloche im
    garten mit schere und
        säge und auch beil

sitz ich müde auf der banke
    wie die eltern getan
        ihre welt schien heil

jetzt sind sie unter der erde
    im hölzernen sarge
        drauf grabstein mit zeil'

schluss mit mühen und plagen im
    leben und im lieben
        der tod trieb den keil

zwischen sie und uns allhier im
    nachfahrenden leben
        auf der todesmeil'

die elster weiß von all dem nichts
    beim nestbaugekäcker
        von summe und teil

solare gleichgültigkeit

ach, so gleichgültig schaut sie drein
sonne da am horizont
hinein schaut sie in uns're pein
wie das menschsein uns verkommt

blutrot sie sinkt in farbenpracht
einmal um den erdball 'rum
am ander'n morgen schaut sie sacht
menschheit ist noch immer dumm

na ihr, wartet nur ein weilchen
bald kommt halbzeit auch zu dir
ja, dann wirst du menschheit weichen

erhellung wird verdampfen euch
virus in dem all krepier
befrei es von der dummen seuch'

vogelschiss

die tränen wollen fließen frei
und die gedanken auch
so sagt man guterdings

öfters doch verirren sie sich
und geben auf ihrem weg in
die krude abwegigkeit eine
deutlich richtungsweisende
markierung zum aufruhr hin

und ewig kreischt die möwenbrut
scheißt manchem ins gehirne -
da! schau land geht unter

... in einem fort

ich ging im leben so vor mich hin,
rektoskopie war nie mein sinn!

doch dann:

im darme sah man den krebs sich dehn',
das aber war überhaupt nicht schön!

und dann?

der arzt das prüfet recht gut und fein:
krebs wandert hier in die darmwand rein!

und dann:

er grub ihn mit skalpellen aus,
im bette schob mich der pfleger raus.

und jetzt:

erholt' mich schnelle am stillen ort,
nun dicht' ich weiter in einem fort.

Persiflage zu dem gedicht „Gefunden" von J. W. Goethe

Rackete legt es darauf an

(Kapitänin Carola Rackete gewidmet)

dummer hass ist schneller pass
in die hölle der inhumanität
garniert mit krassem gebrülle:

handschellen soll sie tragen!
die lebensretterin am hafen
und der papst im selben lande

denn die machen üble geschäfte
mit all der not der anderen, diese
geldströme müssten versiegen

aber halt: da war auch beifall
an der hafenmole von händen
der schön freundlichen art

hut ab für dich, du Rackete!
junge frau vor kaimauerstau
in der revolte wider das übel

was wäre, wenn *das* Venedig
sich plötzlich leeren würde, bar
der unmengen an touristen

bis sich diese eine zelle leerte
in der die mutige kapitänin sitzt, im
schrammakt der humanität

ach, menschheit, wie böse du bist
wie hässlich du auf das gute pisst
und anhäufst so viel üblen mist

VOM LERNEN

einsamkeit

einsamkeit
als die masochistische
urvorstellung eines solipsisten
tatsächlich aber ein sadistisches
ringen mit sich selbst ergo:
zweisamkeit

im flux

nix oder alles im flux:
wasser fische unrat
und hier und da ein wrack
flux im alles oder nix

erdige elemente

was feuer verascht
der wind erhascht
zu kehricht wird in
freier natur zerkrümelt
verbacken gedrückt zu
erdiger spur als heimat
langer wurzeln für
und von menschen
abgehackt

feurige elemente

feuer mache rein
denn es nimmt hinweg
form und farbe fein
und auch sinn und zweck
leichternd zu asche
was bedeutungsschwer
als bunte masche
von menschen kam her

gehvariation

wenn man hingeht,
dann ist man *dort**

wenn man weggeht
dann ist man fort

wenn man zergeht
das ist kein tort

wenn man vergeht
dann aus dem hort

alles menschlichen

* Zitat: David Grossdman, Aus der Zeit gefallen, Hanser 2013, S. 6: Wenn man hingeht, dann gibt es ein dort.

gutsein

worauf die welt geeicht:
das bösesein ist leicht

gutsein macht matter
alle glauben platter
dings man sei schlecht
das kann nerven, echt
und es fliegt der hut
im sinkflug aller mut
kraft zu entfalten
durch zu halten
mit zu gestalten
und auf zu halten
was dräuend drängt:
der mensch zu selten denkt

modelleisenbahn

im gewürfelten flammenmeer
gedankenverschiebebahnhof
von fall zu fall
ein praller knall
nichts was weltangeln ölte
nur die eine türe quietscht
des nachts vor dem pinkeln
in den orkus von stadt
und land und fluss
in einem guss
die hormonsaline für
rechts und links in des
neurologen handorakel
freud hätt' a freud daran
glauben ist schiere
unvollkommenheit
wissen ein ewig
akkumulierendes
veralten
verhalten
wir uns also nicht erbärmlich
zwischen den gleisen des
gedankenverschiebebahnhofs
kollert der schotter

philokino

der glückliche verliert
an den zufriedenen
die bescheidenheit für
den nächsten tag an
dem man ihn sich
glücklich vorstellen muss
man das

nichtnichts

ob wir nun alle pofen
oder mit filosofen
das crude sein seziern
ins nichts werden wir alle marschiern
im nichts werden wir alles verliern
da wird niemand hausiern
mit gedankenspielen
warum also schielen
auf die filosofen
lieber hinterm ofen
es halten mit der literatur
die täuscht uns immer im nichtnichts nur

säcke.weise

kommt die biene zu der blume
die dort steht auf ackers krume
schwebt und summt und sagt:
was bist du für eine die es wagt

mir den pollen zu verkneifen?
ha, da musste warten bis sie reifen!
flog die biene fleißig wieder weg
mit dieser hatte es kein' zweck

dann war der pollen prall und voll
das fand die biene wirklich toll
schleppt an ihren beinen säcke
weise sei das, meint die zecke

sturz

wohin du stürzt, o seele*
kein abgrund ists
nicht einmal nichts
das hat noch keinen namen
kein lieb kein leid
keine schuld noch sühne
nicht einmal stürzt du seele
zerfällst aus emergenz

* *Peter Huchel, Ausgewählte Gedichte, Suhrkamp Bibliothek Band 345, Seite
81, Gedicht „Winterpsalm"*

möwen am bandl

wenn möwen ziehen
fäden aus dem wolkenbauch -
sickert regen durch

sündenfall

wenn ein land
kurzer hand
gegner in die knie zwingt
und nur tote
blutigrote
aber sich kein herz gewinnt
dieses land
langer hand
wird den kampf verlieren
es wird sich
stich um stich
selber pervertieren

teichreich

blindes wasser leicht rotiert
ringelreihen schon toter blätter
mücken wie immer wahnsinnig
und im kompost scharrt die amsel
das sind *tatsachen*
etwas das über etwas wahr ist * –
die brauchen mich nicht

Markus Gabriel, Warum es die Welt nicht gibt, Ullstein 2013, Seite 48: „Eine Tatsache ist etwas, das über etwas wahr ist." Seite 49: „Den Tatsachen kann nichts und niemand entrinnen. "

was bleibt

die ratte schürft ihr nest im boden
der rabe flicht es hoch darüber
der efeu dient als deckung beiden
ein letzter mensch ist nur noch dünger

wüstigedanken

wüste zertrümmerung aller phrasen
wüste atomisierung des denkens
die clown'sche molekularbewegung
von himmeln und höllen im jenseitsspiel
diesseitiger halluzinationen -
alles dem wa|i|ssermangel geschuldet
bei zeiten schon verdammt lang geduldet

winde ziehn

winde ziehn durch darm und all
wie natur, das ist der fall
hat Wittgenstein gesprochen

und: hast du was gerochen
wovon man nicht sprechen kann
steht das schweigen dir gut an

beste der welten

die welt ist ein konstrukt
ihrer bewohner und könnte
auch ganz anders sein

die wirklichkeit blitzt
ziemlich schmal durch deren
regen sinnesreigen

realität ist ergo vieles mehr
als wir uns träumen lassen:
wozu den andern hassen

der eine sagt hü der and're hott
und alle stampfen mit den füßen
kindlichen menschheitsalters

einige waren uns weit voraus
im künftigen erwachsenenalter
sind leider verkehrt verklärt

kommen alle zur selben idee:
der sinn liegt in uns und nicht
da im draußen droben drüber

wer das noch kapiert vor dem
ganz großen knallbonbon
fährt ruhig in die grube

ein prosit der verträglichkeit
von dir zu mir und uns
denn es gibt vieles zu tun

packen wir es an!

was die welt

was uns're elendigliche welt
im innersten zusammenhält
wir wissen es nicht!

aber lernt die systemtheorie
denn sie ist brandaktuell wie nie
sie hat heut' gewicht

auf einen attraktor kommt es an
darauf die massen laufen den run
jeder dicht bei dicht

attraktor aber kann alles sein
von wirklichkeit bis zum puren schein
emergiert er schlicht

darum nachbar ist es nicht egal
ob die werte ethisch stinken schal
d'rüber man erbricht

welche werte bremsen unser tun
welche werte lassen uns nicht ruhn
alle sind erpicht

humanität soll immer walten
man kann nicht schalten oder walten
spricht jüngstes gericht

du bist was

du wärest: was
andere dich
sein ließen,
wenn du nicht
wärest, wie
du so sein
wolltest
du das?

ballaballa

die welt ist rund
die häute wund
es kommt auf unsre werte an

der kopf ist rund
tut phrasen kundt
es kommt auf unsre denke an

der ball ist rund
die fahnen bunt
es kommt auf die symbole an

lernen ad infinitum
(den unermüdlichen gewidmet)

keine schande ist's zu lernen
geht es auch mit frust und lärmen
letztlich ist das neue wissen
hilfreich - doch kein ruhekissen
denn die weisheit wieder sinkt
lernen dann von vorn beginnt

das sein

absurd, dass etwas ist
denkst du
wenn nächtens du mal pisst
absurd, wenn's nicht mehr ist
denkst du
wer wär's, der es vermisst

ich

das ich
red' sich frei:
selbstmeinungsbildung

das ich
schwimmt sich frei:
selbst handeln oder lassen

das ich
sagt sich los:
selbstverwirklichung

aus der masse
schoß und brei
zum individuum

das aber klebt
am trend echt krass
mit mode und klimbim

dergestalt
entkommst der masse
nicht

neujahrs(er)kenntnis

in dem neuen jahr
bleibt alles beim alten
oder auch nicht

es mehr'n sich fürwahr
ganz sicher die falten
in dem gesicht

am end', scheinbar klar
wir gar nichts einhalten
ist nur gerücht

welträtsel

welträtseln ad infinitum
geistige onanie / denn:
der teil kann das ganze
nicht begreifen – längst
erkanntes verkanntsein
am kipppunkt seiner selbst

ergo: dichtung → lyrik
spaß am ulk der welt=
erkenntnis leichter zu
haben in den ackerzeilen
wo die blaue blume ewiglich
blüht und gedeiht

die perfekte permutation
also schreibt! weil CERN
zu teuer ist für ein gottes=
teilchen aus computern
saugen wir den rest vom
kreuz | wort | rätsel

dawarwas

manchmal rollt
ein zug durch deine
nacht - auf dem gleise
d|er|innerung – leise
hunderte meter lang
mit einem husch
von ver|lustig
sein wird
immer
was

zeh.oh.zwo

und der alte lemmig sprach
erhob dabei sein haupt: er
wittere den rand der welt:

so lasst uns nieder knien
rief er in die runde
und jetzo innehalten

wir müssen leider ziehn
ist die harte kunde
weil andre mächte walten

sie alle ab zum kliff
ganz unten tobt die see
die masse schiebt und drängelt

die ersten fall'n ins riff
der rest folgt peu-à-peu
so erde cool bemängelt

und der alte lemmig sprach
bedeckt dabei sein haupt: er
meide jetzt den rand der welt.

aus dem ff

die faulheit mit der
feigheit ist immer
aus der erfahrung
die unglückspaarung

schleichend ganz bieder
grüßt sie heut' wieder
trottelt ohne zwang
richtung untergang

klittern mit twittern

lass' ihn raus
den twitter-furz
denn er ist so
herrlich kurz
brauchst auch nicht
zu denken
gar worte gut
zu lenken
alles scheint erlaubt
was anderen
den atem raubt

ach, post-faktisch
so nennt man
diesen mist
aus dem handy
hingepisst
wo's doch contra
heißen muss
dieser post fuck
tische stuss

bedenke
nach dem fakt
da stehst du nackt
für alle zeit im
#tweet-kostüm

weisheit in binsen

weiß man keine antworten mehr
fällt man über den frager her

liegt der dann still am boden
wird die sache verschoben

bis die selber dazwischenfährt
denn schweigen ist immer verkehrt

welttag der poesie*

marketing gag im
abgesang der flatter
texte gibt es jede
menge zwischen
den zeilen liegt die
würze auch in dem
gedicht

* von der UNESCO seit 2000 ausgerufener 21. März d. J.

kund*inn/en

der angebliche kunde
zum verbraucher degradiert
läuft seine sucherrunde
supermarkt hat's kalkuliert

grubenfall

wer enkeln eine grube
gräbt, der falle selbst hinein
mit sack und pack und seiner
hohen stromrechnung dabei
eig'ner grabstein obenauf

holzkopf

ach, lasst ihr mich doch mal in ruh'
mit eurem gedöns und geplärre
bis zum knorpel vollgefressen
sind viele in der denkparterre
weil alles blut zum magen fließt

und wenn ihr kämt aus pusch und schuh'
aus eurem gedöns und gezerre
schaftet das blut ins hirn zu pressen
wider eure blödigkeitssperre
dass sich denken ins land ergießt   .

dann vielleicht zeitigt sich im nu
ohn' euer gedöns und gefälle
leben im hirn und das vergessen
nimmt ab, nachdenken zu, oh herre
in der menschheit vernunft dann sprießt

denk ich an Deutschland ...*

... so schleudert mein hirn
gegen denkbarrieren auf dem
knüppeldamm der emotionen

liebe deinen nächsten nur
keinen rankommen lassen
leere kirche bimmelt dazu

aber das klima wird was lehren
grenzenloser mauerspuk
gröhlen wird die unvernunft

dann der kindeskinder hall:
wie konnte das passieren, dass
die alten sooo blöde war'n

*Heinrich Heines Gedichtzyklus „Zeitgedichte", darin Gedicht XXIV
„Nachtgedanken", erste Verszeile: Denk' ich an Deutschland in der Nacht, zitiert
nach „Die Bibliothek deutscher Klassiker", Hanser 1982, Bd. 36, S.351*

einsumsandere

das eine nicht ohn'
das andere zu haben
gesetz der bilanz

das and're auch mit
diesem einen zu haben -
möglichkeit der chance

eines und and'res
gleichzeitig nicht zu haben -
die volte der angst

eins ums andere
mal sehen was da passiert -
alles oder nichts

diese drei

alles neue relativiert das alte
wer im alten wurzelt, will's
aus eigennutz bewahren
wird das alte überhöhen
es härten wollen wider das neue
wird das neue herabwürdigen
es schwächen wollen im
angesicht alter tradition
wettstreite werden entstehen
zwischen den protagonisten
mord und totschlag am end'
und nach den turbulenzen
erlahmen die kräfte aller
es tritt beruhigung ein beim
zählen der opfer und schäden
auch betroffenheit | derweil die
ganze zeit schleicht sich durch
die hintertür in bindungen der
kinder das neue ins leben
ins denken und ins handeln
warum nur das ganze leiden

doofheit – dummheit – dreistigkeit
diese d-drei

gedankenflitterei

das nichts ist (noch) nicht real
das nichts balanciert potenzial
im nichts ist das sein optional

fluktuation und emergenz machen
sein zur realität

die realität ist wirksame wirklich(keit)
die realität ist voller erfordernisse
die erfordernisse drängen auf veränderung
dabei der mensch auch rollen spielt

die welt ist nur fiktion aus fantasie
die fiktion ist kunstvoll ausgedacht
die kunst ist also menschenwerk
das menschenwerk hat wirksamkeit

drum: in der fantasiewelt lernen
dann: raus aus der fantasie
und: rein in die wirklichkeit
dort: ändernd tätig werden

isso

bist du jung
hast du schwung
und wuselst so durch's leben

bist du alt
wartest halt
auf *den* gedanken eben

der verjüngt
wie mich dünkt
lasst uns nach einsicht streben

paroli haiku

glauben heißt rauben
das vernunftkleid, das schöne -
dummheit sich kröne

wissen heißt hissen
bunte fahnen der vernunft:
erkenntnisankunft

hoffen braucht pochen
auf den erkenntnisgewinn -
geld verludert sinn

lieben, auch schieben
das kanu voller wahrheit
quer zur dumpfströmung

wirkungsgleich

sind wirkstoffe wirkungsfähig
so sind sie nicht wirkungslos
sondern eher wirkungsvoll
und bewirken mit einem gewissen
wirkungsgrad in gewollter auswirkung
möglichst ohne nachwirkung
in meist bekannter wirkungsweise
für eine notwendige wirkungsdauer
eine wirksamkeit
die in der regel *wirkungsgleich* ist

wirkungsgleich ist die dummheit in
der politik unter mitwirkung
und einwirkung anderer
dummer polköpp
die kopfschütteln
bewirken

die wähler/innen
sollten dem klar
entgegenwirken
mit nachhaltiger
wirkung

3. aufklärung in gärung

als wir von den bäumen stiegen
durch die savannen streiften auf
der hut vor säbelzahntigern: da!

da waren wir noch unaufgeklärt

homo sapiens wir wurden
durch die großstädte streiften auf
der hut vor dem straßenverkehr: da!

da waren wir zweimal aufgeklärt

argumentetausch vor gewalt und
vernunftsweg aus der unmündigkeit
von Sokrates und Kant beraten

und die erkenntnis von der geschicht'

zu viele haben's kapieret nicht
drum brauchen wir die dritte klärung
wir sind in einer *gemischten Welt*[1]

in der unser handeln und lassen
in einer *aufgeklärten Kultur*[2]
bestimmend ist für wohl und wehe

aller!

Anregung: Michael Hampe: Die Dritte Aufklärung, Nicolai Publishing &
Intelligence Berlin 2019, [1] *S. 11 und* [2] *S. 10*

am toten holze

der specht im baum
hackt laut an totem holze
warmes blau darüber
aus unserer menschenzeit

ich muss euch sagen
es umnachtet uns sehr
allüberall von ego-SUVern
die gülden lichtlein blitzen

und droben singt der himmelschor
darinnen kommt das klima vor
und ein kränkelnder tann

da schrie es mich gar schrille an:
idiot, rief es, dummer gesell'
wozu dies großkotzig' gestell
die wälder fangen zu brennen an
euch ist's höllentor weit aufgetan

alt und jung bekommt es nun
heftig mit der hitz' zu tun
und kein werfen weißer bälle
kein schlitten steil im gefälle

ich muss euch klagen
er fehlt mir sehr
der winter ohne weihegedöns

nun fragt: auf der erden heut
sind's gute leut', sind's böse leut

der mensch vom baum
sägt laut am dünnen aste
darauf er hockt noch
in seiner schwellenzeit

nach Theodor Storm's Gedicht: Knecht Ruprecht
aus Lukas Bärfuss: Hagard, btb71669, s. 19 „Schellenzeit"

denken

es gibt eine abstimmung
mit den klicks:
zeigt unser meinen

es gibt eine abstimmung
mit den füßen:
zeigt unser lassen

es gibt eine abstimmung
mit dem wahlzettel:
zeigt unser wollen

klicke, füße, zettel
diese drei, aber
ändern sie's leben

es gibt wenig besinnung
mit den hirnen:
wär' unser *denken*

VOM LIEBEN

anno domo

(für die liebe meines lebens: Conny)

unterm rasen noch der matsch
umwölkt von stachelfliegern
hin und her und rein ins bunte
weißgelbblau und lilameer
suchen alle neues leben

darin du sitzt mit altem sein
im hier und jetzt randvoller
kapriolen der erinnerung
und volten eines werdens
du meinst: so ist das leben

wer fragt: ach, weißt du noch
damals als mein erster brief
ein freudig's lächeln schuf
bald darauf ein erster kuss
uns durch den leib gefahren
in anno domo, so ist lieben

memento amore

(für die verliebten)

der schädel rund, so
widerständig gegen den zerfall
liegt er weiß im sand

DU aber bist lebendig
ICH darf bei dir sein

mathe sagt: ganz unwahrscheinlich
lass es uns genießen
zug um zug, tag für tag
bis dass der sand uns rieselt

bin nicht weit von dir

ich mochte mich vergraben
in eines waldes hütte
mich tief an stille laben
und eines brotes schnitte

gedanken streichen lassen
manche sätze auf's papier
ein traum ich kann's nicht fassen
und bin nicht weit von dir

fallweise

in der lichtflut sitzen
gartengerüche around
about 'ne dauer ver
haftet in *einzelnheit**
literatur sein in allem
was der fall so ist
und der zeiger steht
wieder auf dem datum

.

*Querverweis: Adolf Muschg, Etwas, das noch keiner gesehen hat - Rede,
Gollstein 2008, S. 26*

.

transformer
(für alle liebesleut')

wahre liebe ist
transformation:
sie wandelt dich
sie wandelt mich
sie wandelt sich
in dem ping-pong
der gefühle zwist

herzfund

da: wir beide den strand
entlang kühl und windig
der gang am saum alter
geschichten erzählt von
so schlichten fossilien
wie ein haifischzahn der
nie sich stumpf vorkam

da: dann dein so heller
ruf den die überraschung
schuf: ein wahrer herzens
fund der rosasüß in jeden
mund passt wenn man den
sand nicht weiter hasst am
pfand für uns're liebe

da kam mir der gedanke
quer so bei wind und wetter
wer könnt' es denn verloren
ha'n das klein herzjen hier
am strande und läuft nun
leer und herzlos übers
meer der rauen weite

erinnerung
(für meinen vater im 93. jahr)

vater und ich damals im garten
furchen ziehen für kartoffeln
hier sagt man kartöffelscher
die eigenen sind besser
un man weis wat ma hät
ein vogelpaar aus Nörvenich
kreischt durch das trommelfell
zieht scheitel durch das haar
ich brüll: !die spinnen wohl! -
vater klopft sich ackerkrume
von hemd und hose und
fährt verlegen sich durchs haar
reflex aus mörderischer zeit
frieden jetzt ist besser
du kannst stehen bleiben

farbspektrum

das gelb der sonne
in porzellanem blau
über plaques von grün
an spiegelnden wässern
rings das erdige
darauf die menschen sind
im rot des blutes -
nur liebe ist gold

liebe im alter

so liebe im alter
ego ist nicht leicht
wird es dir ums herz
versagen kommt auch
vor den fall zu fall
weise und hat seine art
ist die kunst zu tun
als ob man es noch
immer noch kann

glück zieht

glück ist eine schwade
die durch's hirn mir zieht
heiter ist's, nie schade
dass man's mir ansieht

limericks of love

liebe in allen facetten
kapiert er nie, woll'n wir wetten
    das kann tatsächlich sein
    drum lädt er oftmals ein
zum studium in die betten

zart ist alle liebe am start
wenn man der ersten küsse harrt
    auf leichte verschüchterung
    folgt zähe eroberung
zum guten schluss sind sie gepaart

hey, willst du mein feins liebchen sein
wer red' denn hier so lüstern drein
    ach, das war doch nicht gemeint
    na, schnell ist man da geleimt
in 'liebchen' steckt des lasters keim

mutter
(post mortem)

mütterchen, du
ostpreußenseele
versteinert und still
wo weilst du jetzt
reden sie dort alle
auch so brait wie es
mir im ohre klang
wie damals als ich
spielt'de jäije als
wänn wäint äinerr

ach, vermisse dich
den pragmatismus
täglichen lebens
zelebrierend bis
dich dein hirn bös
narrte und du die
welt verloren hast
mit uns allen drin
mütterchen, nu
im herzen weilest du

tee time

weißt du noch, geliebtes weib,
von unserm schönsten zeitvertreib
als wir uns in kisten warfen,
nur bedeckt mit küssen, scharfen,
und von unserm süßen tun
später dann beim tee ausruhn,
weißt du's noch, geliebtes weib? -
ja mein schatz: beim tee jetzt bleib!

eltern

viel mehr bleibt nicht / ein
arrangement am kaffeetisch
ein dummes missverständnis
ein kecker spruch adhoc -
wenn es hoch kommt: eine
geschichte aus dem nebel
der erinnerung vor ihren
kinderklugen hirnen / ach
weiß du noch, damals ...

unidentifiziert

weichhügelige ketten
rasseln des nachts
brummbärecho mit
blinklicht im glas
scheibenkleistermix
dann kommt die stille
ohne viel dezibel
gekrochen in meine
traumlandschaft wie
honig aus den lüften

wahrheit

wahrheit ist möglich
denkt der philosoph -
wirft sein manuskript
ins feuer derweil die
kirschen prompt errröten

erde im all vom mond aus
(für Mila)

diese kugel, opa
darauf spielen wir
diese farben, oma
ach, die lieben wir so

blau das meer
grün der wald
rot das dach
von unserm haus

wenn ihr mal tot seid
ihr dann bei den sternen
und schaut uns zu ist
dann noch alles bunt

grau, grau mein schatz
ist alle theorie und
zukunft weiß man nie
nur das hoffen bleibt
auf die vernunft auf
erden

vater
(post mortem)

von irgendwo kickt dich die welt
in das gesäß und sonst wo hin:
bist plötzlich im neuen programm
dein rufen gilt dem warmen tee

im bette liegst du jetzt zur pflege
verlassen haben dich die kräfte
rollst bewegt von fremden händen
auf dem matratzengrund

einst hast du *mich* gefüttert
jetzt liegst und schaust und sperrst
den müden, deinen mund mir auf
dass speise ich *dir* gebe

tränen glänzen in den augen
wollen sich nicht recht erklären:
hast die jungen groß gezogen
willst nun kleiner werden

bis der seele flügel wachsen, die
sehnsuchtsvoll ins weite schlagen
wie der Holgersson entschwand
aus dieser enge, nenn' sie welt

aus unserer haut nur in den tod
wissend ist keiner, der da betet
den stein aber adelt die liebe
darauf dein name graviert

fuchs im lavendel

kleiner fuchs, dein rüssel rollt sich aus
im nektarsüßen lavendelmeer
ein paradies aus blumentöpfen

gleich taucht er ein bis an den grund
wo nektar lockt so blütenrein
als wär' er nur für ihn gemacht

kleiner fuchs, ich freue mich so sehr
dass wir uns trafen hier im garten
im lavendelduft schwebst mir davon

menschwelten

wenn ich so liege
in wogender sonnenflut
dümpelnd an teiches rand
nah der libellen flug
orientierung suchend
vier flügel im abglanz
blitzender reflektionen
dann bin ich allda
dann bin ich dort
wo ich stets sein wollte
einen schritt raus aus
der fiktion der welten
und die erzählung der
kondensstreifen am
ergrauenden himmel
werfe ich weit ab
stehe lächelnd auf -
die sonne ist weg

ohr am sessel

(den eltern in memoriam)

sein sessel ist leer, der
mit den großen ohren
kein grauer schopf
sanft schräg gelegt
die lehnen frei von
knorrigen händen
geformt in jahren harten
lebens voriger zeiten
kein blick, etwas wässrig
kein flotter spruch dazu
aus schmallippigem mund
er fehlt mir, der vater
und ich setze mich hinein
und höre mutters lachen
die schon vor ihm ging

fischschwatzwelle

fischlein, fischlein auf der well'
ich bin die schönste von beiden, gell!
frau Heringin, ihr seid ganz schön allhier,
doch ich, Schollwittchen, bin tausendmal schöner als ihr!

und die moral von der geschicht':
beide so lekker als gericht,
denn jedem nach seiner façon -
zur mittagszeit ergeht der gong.

Valentin verpennt

verschwiegen hast du deinen tag,
Valentin, du schlapper sack!
den gestern wir doch feiern sollten.
oh wie arg wurd' ich gescholten:

wo denn meine liebe bliebe,
ob's mir wäre einerlei.
und es drohten wörterhiebe
aus der jahre allerlei.

wo nur waren meine sinne,
dass auf ihn ich hatt' gesetzt
mich zu erinnern, hier und jetzt?
er jedoch pennt vor sich hinne!

muss zur buß' gedichte schreiben,
bis sie wieder gut mir ist
in eintracht, ohne diesen zwist.
will lieben ohne leiden.

für Valentinstags heißen kuss
ich den tag mir merken muss.
geht sonst das ganze wieder los!
wo, kalender, bist du bloß?

sondern auch

mittags etwa, vielleicht auch
im März schrieb ich dir: willst du mich
heiraten? diese worte! im klassen
raum tuschelten die andern

Inspiration: Ulla Hahn, Wider Worte – Gedichte, DVA 2011, S. 20, „Fast", S. 21, „Nicht nur"

händepaar im haar

heute paar hände
lanzarotelandschaften
ödnisrisse dürr im blick
braunfleckig diffus
zweidrei adernläufe
unklar wohin woher
greifen streichel zärteln
greifen packen reißen
zwei hände auf kommando
althirn an peripherie
reißt euch zusammen
und macht das nie
wie
der
eine oder andere anlass
verlockt
verbockt

familie ist k|ein

familie wär' ein ort
an dem die schuhe fallen
man in den sessel sinkt
und ruft: *wat gibbet neues?*

familie sei kein tort
in dem die regeln knallen
man vor den sessel springt
und flucht: *wie blöd, bereu es!*

familie auch kein port
an dem die worte hallen
man miteinander ringt
mit wucht: *viel des gebräues*

familie sei ein hort
an dem gefühle wallen
verständnisruf erklingt
ohn' kluft: *keiner scheut es*

familie just ist dort
wo all' sich in die arme fallen
man in den sesseln singt
und groovt: *wie schön's heut es*

VOM LESEN

gründe zu lesen

(dem lesekreis gewidmet)

das lesen, das kann ich doch
die kosten, die trag' ich noch
bücher, die löschen neugier
leseruh', die schaff' ich mir
zeitaufwand: überschaubar
tagesgeschäft: ist doch klar
bleibt vom lesen unberührt
oder fast, wie's sich gebührt

das wird dich weiterbringen
das lesen lässt dich springen
zu neuen horizonten
kaum druck auf deine konten
meinung wird man schulen
nicht mit mainstream buhlen
lesen, ein wicht'ger ansatz
schafft für wissen neuen platz

befreit vom ganz banalen
entschlackt vom trivialen
lesen gute bücher wir
horizontverengung hier
wird kräftig überwunden
verständnis unumwunden
schaffen wir im lesekreis
uns macht keiner etwas weis
erweitern die rezeption
lesekompetenz mit krohn'

elementarisch

das brennen des dornengebüsches
ist kein wort

es sei denn
du brennst dich und jaulst vor schmerz
wummerst deine faust blind auf ein
berstendes brett vor deinem kopfe

bedeutung kommt nicht von oben
nur tief drinnen ist der aufruhr

goethe wusste es so|nett

ich sitze auf meinem kissen
und meditiere recht lang:
wir können so wenig wissen -
macht als ergebnis nicht bang.

von alledem, was diese welt,
so aus dem nichts gekommen,
im innersten zusammenhält,
von Goethe schon vernommen:

anschauung pur bringe weiter,
in dingen sei bedeutung,
ganze form, die mache heiter.

doch im detail, da wohnt der wurm.
was bleibt, ist nur vergeudung,
zersplittert, wie nach einem sturm.

am hang

sitzen im weiten blick
auf das rund der natur
wider die spitzgiebligen
erwartungsdome rot
auch schieferbedeckt

sitzen in dem geschick
buch auf dem schoß
finger als lesezeichen
nicht platt zu kriegen
der zarte lebensdrang

sitzen mit diesem zick
zack der lebenslinie
gebrochen auch oder
gänzlich ganzer lauf
in meine offene weite

Andy kloppt sprüch

du schreibst am buch wohl lange zeit
hast irgendwann das skript soweit:
du reichst es einfach ein
viertelstündchen braucht der lektor
er nimmt es oder lehnt es ab
einem viertelstündchen weiß
der rezensent es zu verreißen oder nicht
mal ein viertelstündchen schmökern
leser und wollen kaufen oder stellen
es zurück aufs bord der bücherlagerei

ein viertelstündchen nur im fokus
literarisch ist das hokus pokus   ·

Bezug: Andy Warhol (1968): "In the future, everyone will be world-famous for 15 minutes."

anfangs

am anfang war das wort
davor das grübeln und denken
danach ist alles möglich
nur kein klares paradies
denn die erkenntnis nagt
wo ein anfang ist ein ende
und was außerhalb beider
und die welt trudelt dahin
wie vertrieben

lek.türe.zu

die scheiben in milch
schemen grau umlaufen
zart fällt muße dich an
finger im buch vergessen
das hängt vor dem schlaf
frei zum fall entschlossen
schemen grau versaufen
in ruhe ein knilch

papier

in meiner höhle steht
papier senkrecht dicht
mit bleischweren worten
auf hölzernen brettern die
die welt bedeuten

ohr.khan.xaver

buch auf knien schreit
nach einer lesepause
beim aufblicken merkst
du: fehlt autobahn im raum
jetzt rauschen die tannen
bäume biegen sich die
blätter jagen sich dies
ist kein spaß für gärtner
und die auf der warft
haben anderes im sinn
xaver lässt grüßen mit
schwappnassen füßen

kante mit Kant

oh, Immanuel, kleiner mann
aus dem alten Königsberg, was nun?
viel sinniert hast de to hus,
dem dummheit am kanthaken jehabt,
entrückt bist du unter der sonne von
aufklärung aus heller vernunft,
gebenedeit sei dein hirn mit seinen kritiken.

doch du verlangst des guten zu viel von uns
weltlichen hienieden.
denken sollen wir mit selbigem organ,
grau im kopf verschlossen,
auf dass wir alle entkämen der
selbstverschuldeten unmündigkeit,
wie als kinder den windeln auch?

ach, das denken ist ein schweres joch,
verbraucht so viel energie.
dreibastig sind de leut' weil dammlig
im dassel wie im arschke.
denken verlangt verzicht auf dröhnung,
die dich kuijenieren tut,
wie sex'n'drugs'n'alcopops vor dem tv.

haben sie dennoch gedanken, so passen
die nicht ins format.
denn googeln, twittern, tweeten, mitnichten
zum denken gemacht,
alles nur ein ewig rum kaamcln von paslaks
kollektiver dummheit.
mir wird janz kodderich zu mut.

Immanuel, hätt'st de janz eenfach
jeschrieben für uns dummerchen,
so in subjekt-prädikat-objekt-sätzen,
die wir grad' noch versteh'n,
dann wäre es geistig heller im lande
und auf unseren demo-straßen,
könnten mehr mit vernunft die
kante zeigen.

blabladada

eine leitkultur
gerinnt schnell zur kultur light
wird leidkultur

Hugo Ball aus Dada Almanach, Reiss Verlag 1920, Gedicht „Karawane"

leseteppichtrip

schön, wie der leseteppich fliegt
über den brillenrand ungeschärft
der blick in welten weit hinab
bücher sind auch keine anker
derweil das haar im winde wallt
weiß vom alternden schädel

ja, das altern

wenn das alter dich plagt
geh' am regal entlang
was dir da entgegen ragt
schnapp's und sei nicht bang
denn überraschungslektüre
ist für die hungrige seele
eine erquickende maniküre
noch vor der friedhofstele

VOM LYRISIEREN

zwei herren im gespräch

herr weisnich

ging mal spazieren
und frug sich
was kann passieren
wenn man das dichten anfängt

da wird einem nichts geschenkt
drum lass mal stecken
den bleistift
spiel nicht den jecken
so weisnicht

beizeiten

du willst dichter werden
dann erkläre deinen erben
dass da nichts zu holen ist
dichter sein ist nämlich mist
so finanziell gemeint
das musste hier gereimt
einmal ganz klar ...
ist doch wahr!

jedes gedicht

jedes gedicht hat seinen
eigenen klang
vor weißer
stille

laufend dichten

das dichten in der wanne
hat manchmal eine panne
da fällt dem dichter glatt
das schön beschrieb'ne blatt
ins warmwellige wasser

die tinte läuft wird blasser
leer das blatt auf rechts und links
verlaufen alles der vers das dings
gedicht vom sinne dieser welt
und jetzt? die türglocke schellt ...

mühe am pult

muss der schreiber nicht
erst schweigen
denken auch bevor
dann schreiben
während dessen oft
auch leiden
bis gewünschtes will
sich zeigen
wer nun macht es sich
zu eigen
vor dem leser wir
uns neigen

poetenjob

poeten sind doch wie frisöre
sie ondulieren spröde sprachen
kämmen diese oftmals mit gewalt
und bürsten sie dann wieder glatt
manchmal schneiden sie die splissen ab
und geben so der fülle gestalt
dass alle lesen hören lachen
und sei's auch eine junge göre

so gerne

ich schreibe
so gerne am puren gedicht
darin vom mist der welt
der ins gegenteil verfällt
doch ich finde die worte nicht
ich bleibe

dran

zweifel nagen

hat das wirkung, was ich schreibe
spielt das irgendeine geige
oder fällt das unter ferner liefen

bringt das irgendeinen weiter
mal gedanklich auch mal heiter
oder kann man's rauchen in den piefen

ja, hat das eine resonanz
sogar, vielleicht, den hauch von glanz
oder bringt's die augen nur zum triefen

oh, zweifel nagen an dem stift
ach, zweifel sind dem dichter gift·
doch der leser klärt's, den wir beriefen

der heimliche autor

willst du nicht immer heimlich schreiben
musste es unheimlich treiben
vor dem ganzundgaren publikum

fallen leser scharenweise um
vor begeisterung natürlich
wird der autor unwiderstehlich

reimlos

saß der alte reimer
vor dem leerpapier
kämpft' wie nirgends einer
fast verzweifelt schier

wollt' die verse schmieden
ohne reim am end'
weil sie schwerer wiegen
tiefgang vehement

krypto, umso tiefer
die metapher ist
seht ihr das: da lief er
auf zum größten mist

peitschen rezensenten
durch den blätterwald
fütter lieber enten
schnattern mit gehalt

über allem

wandere durch den wald
der name tut nichts zur sache
auf dem hügel in der hütte
sitze und ruhe dich aus
atme ein, sanft und bedacht
was gestern verbockt
was morgen neu lockt
überlasse das dem wind
zentrum der welt: schaue
das einmalige gewebe
von wesen und wirken
verstehe den feldbegriff
dann lege die hände
auf deine knie und
erhebe dich klar denn der
stift hat sich eingefunden
die bretter zu adeln aus
universalem augenblick

Angesichts der Ritzung von Goethes Hand in die Bretterwand einer Jagdhütte auf
dem Kickelhahn.

die ganze welt

nimm die ganze welt
lass ein stroboskop laufen
unregelmäßig versteht sich
notiere die lichtfetzen wortegetreu
die ottografie ad libitum
fertig ist das gericht
es drängelt ein gedicht
vieles liegt auf der hand
manches aber im magen
lass dich drauf ein

*Geschrieben bei der Lektüre des Gedichtes „Das Land" von Guy Helminger /
Köln aus: Axel Kutsch (Hrsg.), Versnetze_fünf, Verlag Ralf Liebe 2012, S. 148*

nachtruh

du sitzt im bett
nicht dünn nicht fett
nicht schlau nicht dumm
im stübchen rum

du kannst nicht ruhn
du musst 'was tun
heizung gluckert
kühlschrank tuckert

da komm'n se raus
gedanken kraus
schnell auf's papier
nun schlafen wir

wenn ich

wenn ich gedichte träfe*
eingerollt in flaschenpost**en
tät ich staunen über sie
und ihr rauschen von meeren
und ihr fauchen von lüften
und ihr rauchen von feuern
und ihr riechen von erden
beschämete mich sehr -
alles schon passiert nur
nicht so

* Zitat: Martin Walser: Meßmers Momente, Rowohlt Verlag 2013, S. 41; **
hierzu: Umberto Eco: Vier moralische Schriften, Hanser 1998, „Wenn der
andere ins Spiel kommt", S. 82: Manchmal ist es auch das einzige, was einen
Philosophen zum Philosophieren treibt oder einen Schriftsteller zum Schreiben:
eine Flaschenpost zu hinterlassen, damit das, woran man geglaubt hat oder was
man schön fand, auch von den Nachgeborenen geglaubt oder schön gefunden
werden kann.

werkschau

nach langem bosseln
blickt er sich um und
sagt: das ist *mein* werk -
und erschüttert doch nur
luftige moleküle

widerstand

*poesie ist eine art widerstand**
so sagt uns der gefällige poet
wenn er, das ist ja allerhand,
von innen nach außen geht!

Zitat: Jürgen Theobaldy, Blaue Flecken - Gedichte, Lyrikedition 2000, Gedicht „Harte Eier"

lyrik ist ...

lyrik entblättert sich
so gedanken heraus
die leserfans zupfen
wie weiland im gras:
mich sie liebt mich sie
liebt mich nicht sie lieb
bis der kern entblättert
so gedanken aus ...

Goethe varriert

Es hat der Autor,
wenn er schreibt,
so was Gewisses,
das ihn treibt. *

es küsst den autor
wenn er denkt
gewisse muse
ihn beschenkt

es bringt der autor
wenn er tippt
dem publikum, was
ihn berückt

es neigt der autor
wenn er liest
auch zu gewissem
wie du siehst

es fehlt dem autor
wenn es blockt
so was gewisses
was ihn schockt

* Hanna Fischer-Lamberg, Der junge Goethe, Bd. 1 August 1749 - März 1770, Walter de Gruyter Verlag 1999, S. 77 (J. W. Goethe am 28. Aug. 1795 in das Stammbuch von Friedrich Maximilian Moors)

wahrheit denken

wohlan sagten da die dichter dieser welt
dann lasset uns kratzen an den wänden
der eingeschlossenheit und aus gedanken
splittern einen lyrischen rammbock machen

George Steiner: Warum Denken traurig macht – zehn mögliche Gründe",
Suhrkamp 2006

lyriker*innen

haben so einen sing sang im
kopf können sie keine noten

haben so bildansichtsfälle in
händen könne sie keine farbe

halten in ihrer verzweiflung
arrangierte fetzen von
text im flatternden satz die
poeme

alles gesagt?

es bedeute keine versagung
wenn man unsäglich sagt
es sei schon alles gesagt
sagte der welcher das sagen
an und für sich an sich hatte
wobei bestimmt nicht gesagt
sei wer sagte nur noch nicht
von allen die gar nicht gesagt
hätten was denn da schon alles
sagenumwoben gesagt worden
sei von dem was da überhaupt
noch sagbar sei angesichts des
unsagbaren sagenhaften sagt
man heutzutage ungefragt

echt

der schreibt - gedichte
dasscheintsozusein
kann ich nicht glauben
dasistaberso
das reimt sich doch selten
mussessicherauchnicht
was soll das denn dann
literarischesräuspern
wer liest denn so etwas
wahrscheinlichkeine/r
welchen sinn hat das
mussihmebenwohlrausda
wieso nicht nur auf papier
schmeißterdannwohlweg
ach, will im netz ewig sein
nee, löschtdochsachenauch
dann verstehe ich das nicht
musstduauchgarnicht, echt

lyrkür

das
muss raus
und gezeilt
gesagt werden
die formel sei frisch
mach' schön dein gedicht mit
zeilenhupfer darin der
absichtlich auf reim verzichtet
mit wäre wirklich schlecht gedichtet

in the mood

ach, was soll's
liest doch keiner
was du so schreibst
und wenn's gelesen wird
weiß doch keiner
was damit anzufangen
und wenn doch, dann
sicherlich das falsche
und wenn das nicht
dann fehlt die resonanz
ist die aber da
dann wird's dir heiß
ums herze
und du zündest leis
die kerze
zum ersten advent
in dichterland

reifung

acht stunden arbeiten
für anderer leut's ego
acht stunden dösen
für das eigene selbst
acht stunden schlafen
für's Freud'sche ich -
aus drei mach' eins
im übergang reifen:
gedichte

treib.gut

bodenlos drücken die sich aus
spiegelein im spiegelkabinett
bedeutungsleitern rauf ohne
sprossen abgetreten von sinn
und hänge fest in den facetten
fingerkuppen am unteren rand
in papierener gischt aufspülend
das lettrige treibgut am strand

wahr.high.ten

sie schreiben gedichte
die man nur lesen kann
und füllen die leere mit
wahrheitsgeschnauf.

schrieben sie gedichte
die man gut leben kann
dann fühlten wir leere ohn'
wahrheitsklimbim.

aber leere lehre
die erschreckt bis ins mark
lieber schwadronieren von
gott und der welt.

Angeregt durch Peter Soloterdijk: Selbstversuch, Hanser 1996

schrei ...

schreibblockade
schreibblock adé
schrei block adé!

schreibtischlade
schreib tisch adé
schrei tisch adé

schrei nicht grade
schreib gerade
ach wie schade

wollte reden über
schreibblockade

knall auf fall

meine augen möcht' ich schließen
mich an die warme hauswand lehn'
und ruhe soll in mir zergehn'

möcht' auch meine ohren schließen
viel länger als ich's tue meist
auf dass stille flute meinen geist

und der stift in meinen händen
er soll nicht schaben auf papier
versinken will ich ganz allhier

bis der knall von einem auspuff
mir hässlich 'geist aus kopf bläst weg' -
ach, hat die übung einen zweck?

am strande

ich ging am strande
so für mich hin
und nichts zu finden
das war mein sinn

im lichten sah ich
ein stöckchen steh'n
die bällchen leuchtend
wie äpflein schön

ich wollt's umhüllen
da sagt es: nein
will doch zum müllen
gesammelt sein

ich nahm's mit allen
den strippen schon
zum müllpott trug ich's
am pavillon

und schmiss es nieder
am stillen ort
nun schweigt es immer
treibt nimmer fort

Persiflage auf J. W. Goethes Gedicht „Im ging im Walde ..." (1813)

pause machen

der dichter in der klause
macht ungern eine pause
wenn der flow in packt

eh' die blockade kommt
er alles was ihm frommt
in den laptop hackt

die tasten klappern hastig
die texte werden lastig
plötzlich ist dann schluss

nichts mehr aus den fingern
die augen heftig schlingern
auf des bildschirms stuss

löschen ist die rettung jetzt
kein verlag dich leider hetzt
bist ein niemand nur

also fang von vorne an
und du schreibst dann
irgendwann

lit'ratura pur

nachtverlust

lauthals die nacht
motorgebrumm über
knisternden balken
abrieb im hals wie
reudige reifen ein
drehen und wenden
am kopf ende, tja
den rest der zeilen
längst vergessen in
der weißen
weite

rosen montag

eine rose ist
eine rose am montag ist
eine rose am montag im zug ist
eine rose am montag im zug im strauch -
aber bitte mit kamelle

so vergessen wir die delle
die uns ins gemüt geschlagen

bejubeln laut die mottowagen
worauf all' uns're ängste hocken
gebannt in puppen die uns schocken .
rennen in die kneipe, ab zum wirt
bis der nubbel helle brennen wird

eine rose war
eine rose am montag war
eine rose am montag im zug war
eine rose am montag im zug im strauß -
leider ohne kamelle

mal sehen

mal sehen was es so wird
das lyrische an sich und
überm haupt im großen
ganzen die sprachmelodie
mit bedeutungsschaliger
raffinesse der zeilen
sprünge in die resonanz
im lesenden hörerhirn

kuss muss

wenn der ruf berufung wird
wie beim rufer in der wüste
kann's ein beruf leicht werden:
schriftsteller in der wörter
ew'gen permutation

was aber ist der „ruf" denn nun
ich denk', die muse küsst geheim
von außen dich des nachts und
ruft nicht durch die gegend wie
die schreier auf dem markte tun

gewiss, die muse knutscht dich ab
doch muss das gar nichts heißen
wenn nicht der drang von innen
kömmt als selbstaufrufung an das
analoge des papiers vor dir

die neuen schwärmen auch von
digitalen tasten mit dem zaubertrick
worauf am flachen schirm sich
zeil' auf zeil' zu versen binden -
wie auch immer, kuss muss sein

perpetuum narrate

der wörter gewiss
der sätze mächtig
wird text geholt
aus immer gleichem
kann ein neues werden

lyrik in gefahr

tägliche dosis
von lyrik in zeitungen -
heilung extra dry

denn

zu risiken und
hauptwirkungen fragen sie
ihre/n lyriker/in

lyrik reinigt prosa

sprache sei nicht rhythmisch - per se
sie bedürfe der metrikerhilfe - okay
das nennen alle dichten - ach nee
der rhythmus aber steckt - im vers
die sprachgestaltung dann - so wär's
im eleganten satze - kein scherz

und in der strophe dann
steckt form am end oh mann

dichten also ist das: wörtersetzen
dichten ergo wird zum: bilderfetzen
wohltönend in dem hirn der leser*in
die inn're stimme klingt wie weberin
im holden metaphernsingsang

wie der hai den putzerfisch
so der autor dichter hat
den rhythmopoios[1]

[1] *Friedrich Georg Jünger: Rhythmus und Sprache im Deutschen Gedicht, Cotta's Bibliothe der Moderne, Bd. 63, Klett Verlag 1987, S. 19ff.*

ginsterbuschgespräch

sagt die katze zur fee: miau
sagt die fee zur katze: i' au'
und was sagt uns das jetzt hier
besudel doch nicht das papier

mit den albernen sprüchen
mit gedanklichen ergüssen
so von glück und dem gedöns
mit dem du alles blöd beschöns'
lass endlich mal die wahrheit ran
die uns weiterbringen kann

und lass man bloß die reimerei
die ist mir nämlich einerlei
das neue jahr ist ungewiss
wahres reimen ist beschiss

neu ist anders

würge diese bücher
bis die wörter flutschen
umgewälze muss sein
tauche die feder ein
und ziehe die leine
deiner strengen sätze
ins neuarrangement
and're finden den sinn

schreibwahn

Das Schreiben hat für mich
... etwas Wahnhaftes.[1]
mag sein
das schreiben sollt' haben
etwas zahnhaftes
mit biss wider das dummdümpeln
etwas kranhaftes
mit blick über die denkwüsten
etwas bahnhaftes
auf gutem weg in offene weiten
etwas planhaftes
einzuordnen das selberdenken
etwas schwanhaftes
damit die ästhetik nicht verkommt
das schreiben sollt' nicht haben
etwas tranhaftes
wider die verplemperung von zeit

das schreiben hat für mich
also auch ein wenig kahnhaftes
zu rudern in Heraklits strudeln
auf der suche nach einem kolk
zwischen front- und rückendeckel

[1]*Zitate aus: Kölner Stadt-Anzeiger v. 24.9.2019: Petra Pluwatsch im Gespräch*
mit Romy Hausmann anlässlich der Verleihung des Crime Cologne Awards:
„Schreiben hat etwas Wahnhaftes"

wiesen winken dir

(für die Muse namens Conny)

herrlich das gras
dem mäher entkommen:
fröhlich ist das halmewinken

erwachsen der mensch
dem ruhe tut frommen:
so in wiesen zu versinken

glücklich der mann
dem das nicht zerronnen:
obwohl die jahre schon hinken

liebe aber
niemandem genommen:
kann heilsam alles verbinden

und musenkuss
ist voll schöner wonnen:
lässt dummheit und lärm versinken

und du fragst dich
wie den kuss bekommen:
mutvoll talente verlinken

und dann danke
das ist nicht gesponnen:
jedes bild ein seelenblinken

Meine Schreibgebote

Für Interessierte füge ich hier meine zehn Schreibgebote hinzu, die ich ab und an auch befolge:

1. Wem ich schreibe geht niemand etwas an.

2. Was ich schreibe ist auf meinem Mist gewachsen.

3. Wie ich schreibe geht auf meine Weise.

4. Wo ich schreibe ist meine Angelegenheit.

5. Wann ich schreibe soll nicht jucken.

6. Wieso ich schreibe binde ich nicht auf die Nase.

7. Weshalb ich schreibe soll schnuppe sein.

8. Warum ich schreibe geht nur mich etwas an.

9. Wofür ich schreibe ist meine Sache.

10. Woran ich schreibe wird man schon sehen.

Man merke, es ist leicht nachzumachen.

Literatur

Werke, in denen meine Gedichte erschienen sind:

1. felix mitterer, christian ide hintze, lukas morscher (hg.), das goldene dachl und seine rätselhafte inschrift – eine poetische annäherung, HAYMON verlag 2012

2. bernhard r. m. ulbrich, „litbiss: der geist der strophen wirbelt dich herum", Verlag Ralf Liebe, 2013

3. Axel Kutsch, Versnetze_sieben, VRL 2014, S. 159

4. Axel Kutsch, Versnetze_acht, VRL 2015, S. 185

5. Axel Kutsch, Versnetze_neun, VRL 2016, S. 171

6. Axel Kutsch, Versnetze_elf, VRL 2018, S. 175

7. Axel Kutsch, Versnetze_zwölf, VRL 2019, S. 181

8. Axel Kutsch, Versnetze_13, VRL 2020, S. 187

9. Axel Kutsch, Versnetze_14, VRL 2021

10. Bernhard R. M. Ulbrich, Der Traum des Vogelwärters auf Schleimünde, Verlag Ralf Liebe 2018

11. Lyrik Kabinett, Der ZILPZALP – Gedichtekalender 2021

12. Blog www.litbiss.de, Start: Okt. 2012, Ende: Okt. 2020

Danksagungen

Ich danke der Muse, die mich zu den unterschiedlichsten Zeiten zärtlich geküsst und danach hektisch hat zum Notizbuch greifen lassen.

Das ist meiner Familie nicht verborgen geblieben, die eine oder andere geistige Abwesenheit. Dennoch hat sie mir meine Schreiberei durchgehen lassen. Und besonders bin ich meiner lieben Frau Conny für ihr aufmerksames Korrigieren und das Aquarell für den Umschlag von Herzen dankbar.

Große Anerkennung zolle ich dem professionellen Administrator des Blogs, Herrn Michael Olk, dem weder seine Geduld noch meine litbiss-Homepage zusammenbrachen.

Dem Drucker und Verleger Herrn Ralf Liebe sei Dank für seine Passion, sich mit Buchprojekten zu beschäftigen, die keine wahrscheinliche Bestsellerkarriere machen werden.

Und besonderen Dank allen Leser/innen, die sich in die Blog-Anthologie vertiefen wollen. Möge sich die eine oder andere Resonanz einstellen.

Finis

kopfschütteln
(Bernd N. aus E.)

wie kann man so
sein inneres
nach außen kehren
öffentlich im netz

stecker ziehen wäre
das richtige tun
oder lassen ist hier
und heute die frage
können wir nicht
beantworten

Die Antwort liegt nun vor:
Der Stecker ist gezogen, das am 28. Oktober 2020.

INHALT

vom leiden

vom lernen